JOURNAL

DE

NICOLAS-ÉDOUARD OLIER

JOURNAL

DE

NICOLAS-ÉDOUARD OLIER

CONSEILLER AU PARLEMENT

1593-1602

PUBLIÉ PAR **L. SANDRET**

PARIS

HENRI MENU, libraire-éditeur du *Cabinet historique*,
et de la *Revue de Champagne et de Brie*.

—

M.D.CCC.LXXVI.

AVERTISSEMENT

L'auteur du *Journal* que nous publions est Nicolas-Édouard Olier, conseiller au Parlement de Paris, personnage peu connu d'ailleurs. Il appartenait à une famille originaire du pays Chartrain, établie à Paris dans les charges de robe, comme celles de grands-audienciers de France, maîtres des requêtes, conseillers au Parlement, conseillers d'État, etc. Ses alliances comptent des noms illustres : Molé, Seguier, Bellièvre, Méliand, Le Tellier, Colbert, Amyot, Malesherbes, Polignac, etc. Ses armoiries offrent, par une particularité honorable, des fleurs de lys d'or sur azur. En voici la description : *D'or, au chevron de gueules, chargé en chef d'un croissant d'argent, surmonté d'un besan d'or, et accompagné de trois grappes de raisin de sable, à la bordure d'azur chargée de fleurs de lys d'or.*

Nous n'entreprendrons pas de dresser la généalogie de Nicolas-Édouard Olier, nous contentant de présenter au lecteur les détails suivants :

François Olier, son père, seigneur du Petit-Hangest et de Vandelle, exerça diverses charges de magistrature sous Henri II, François II, Charles IX, Henri III et Henri IV. Il était, au moment de sa mort arrivée le 2 avril 1597, conseiller et secrétaire du roy, maison et couronne de France. Il était alors âgé de 77 ans ; il fut inhumé à l'église Sainte-Croix-de-la-Bretonnerie, dans la chapelle des Olier. Il avait épousé Madeleine Molé, tante de l'illustre Mathieu Molé.

François Olier laissa trois fils :

1° François Olier, seigneur de Nointel, chef de la branche de ce nom et aïeul de Charles-François de Nointel, qui se distingua dans la diplomatie, ayant rempli sous le règne de Louis XIV les fonctions d'ambassadeur à Constantinople ;

2° Jacques Olier, seigneur de Verneuil et d'Yvoy, conseiller au Parlement de Paris, marié à Claire Colbert ; un de ses fils fut le vénérable abbé Jean-Jacques Olier, fondateur de la congrégation et du séminaire de Saint-Sulpice ;

3° Nicolas-Édouard, conseiller au Parlement, auteur de ce *Journal*. Il fut reçu conseiller au Parlement de Paris, le 8 février 1592 ; de la chambre des enquêtes, il passa à la grand-chambre, le 15 janvier 1624. Aucun document généalogique ne parle ni de son mariage ni de sa postérité. Ses prénoms de Nicolas-Édouard se perpétuèrent dans la branche de son frère Jacques.

Ce Journal d'Olier, conservé en original à la bibliothèque nationale, sous le n° 5244 du fonds des manuscrits français, forme un volume petit in-folio, très-mince, puisqu'il ne se compose que de 31 feuillets. Nous n'en connaissons aucune copie. La bibliothèque de la France du P. Le Long le cite, et c'est d'après cette note qu'il a été mentionné par quelques auteurs, entr'autres M. l'abbé Faillon et son continuateur dans la vie de l'abbé Olier. Il est écrit tout entier de la main du conseiller au Parlement. Il commence à l'année 1593.

Le folio 2 est intitulé : *Recueil d'un certain livre au feuillet 93*. L'extrait annoncé par ce titre n'est qu'une suite de notes relatives à l'histoire de la Ligue à Paris, en 1586 et 1587, (1) sans lien avec le Journal, qui reprend au folio 4, verso, par l'année 1594.

Le Journal s'arrête au mois de mai de l'année 1602.

L. SANDRET.

---

(1) Voyez l'appendice, A.

JOURNAL

DE

NICOLAS-ÉDOUARD OLIER

1593.

Me ressouvenant sur le tard, j'ay mis la main à la plume pour noter ce qui se passe en cette ville et ailleurs pour me fournir d'exemple et de conseil à l'advenir, et commenceray

Par l'acte mémorable et résolution prainse de Messieurs du Parlement, le 28 de juing, assemblez depuis les 7 heures du matin jusques à midy. Après belles harangues et remonstrances faictes par les sieurs du Vert, Damours, Mareschal et aultres du corps de la Court, dont la teneur est telle :

« Qu'ils entendent s'opposer à toutes les propositions faictes par le duc de Feria, agent pour le roy d'Espagne, assisté du légat, nommé le cardinal de Plaisance, de l'embassadeur d'Espagne et du Orador Taxis, à toutes les propositions et prétentions du royaume de France pour l'Infante, fille aisnée de l'Espagnol, et empêcher qu'il ne soit doresnavant rien proposé sur ce subject.

« Davantage que le procureur général du roy Molé formera son opposition, et que de ceste opposition signification sera faicte à toutes les trois chambres des Estats qui pour lors se tenoient au Louvre (1).

« D'abondant, que sur ce arrest interviendra, lequel sera lu au sieur du Maisne (2), en présence de tous les princes qui l'assisteront, sçavoir : le duc d'Aumale, le duc de Guyse et le duc d'Elbeuf; et que toute la compagnie assistera le président Le Maistre (3), pour luy en faire la lecture, affin qu'ilz n'en prétendent aucune cause d'ignorance. »

Les prétentions de l'Espagnol estoient telles : que l'Infante fust royne de France, espousant ung de la maison de France, y comprenant toute la maison de Lorraine, à la charge et condition que la nomination de celuy qui l'espouseroit seroit au roy d'Espagne, et que si par quelque adventure celuy qui seroit nommé roy mourust avant la royne Infante, elle demeureroit seule royne, sans estre contraincte de se pouvoir marier pour régir et gouverner le royaume.

Le 29ᵉ de juing 1593, à 7 heures du matin, Monsieur le président Le Maistre, accompagné d'ung bon nombre de conseillers, alla trouver le sieur du Maisne à l'hostel de Nevers, où il logeoit pour lors, et luy fist une remonstrance digne de luy, d'ung grand homme; après luy prononça l'arrest de la Court, dont le contenu est tel :

« Du lundy 28 juing 1593, sur les remonstrances cy-devant faictes à la Court par le procureur-général du roy,

---

(1) Le duc de Mayenne, pour ranimer le zèle des ligueurs, avait convoqué de prétendus États au Louvre.

(2) Ou de Mayenne.

(3) Gilles Le Maistre, qui faisait les fonctions de premier président.

et la matière misé en délibération, la Court, toutes les
Chambres d'icelle assemblées, n'ayant, comme elle n'a jamais eu, aultre intention que de maintenir la religion catholique, apostolique et romaine en l'estat et couronne de
France, soubz la protection d'ung roy très-chrestien, catholique et françois, a ordonné et ordonne que remonstrances seront faictes ceste apres disnée par M. le
président Le Maistre, assisté de bon nombre des conseillers de ladicte Court à Monsieur le duc de Mayenne,
lieutenant-général de l'estat et couronne de France, en
la présence des princes et officiers de la couronne,
estant de présent en cette ville, à ce qu'aucun traicté ne
se face pour transférer la couronne en la main de prince
ou princesse estrangers ; ains les lois fondamentales de
ce royaume seront gardées, et les arrests donnez par
ladicte Court pour la déclaration d'ung roy catholique
et françoys exécutez, et qu'il ayt à employer l'authorité
qui luy a esté commise pour empescher que soubz le
prétexte de la religion, la couronne ne soit transférée en
main estrangère contre les lois du royaume, et pourvoir
le plus promptement que faire se pourra au repos du
peuple, pour l'extrême nécessité en laquelle il est réduict ;
et néanmoins dès à présent a ladicte Court déclaré et
déclare tous traictez faictz ou à faire en après, pour l'é-
tablissement de princes et princesses estrangers, nulz et
de nul effect et valeur, comme faictz au préjudice de la
loy salicque et des lois fondamentales de ce royaume. »

1594.

Le 11e du mois de janvier, Messieurs du Parlement, sur
l'advis qu'ilz eurent que Monsieur de Belin (1), gouver-

---

(1) François de Faudoas d'Averton, comte de Belin, nommé, le 27 avril 1591,
gouverneur de Paris par le duc de Mayenne.

neur de Paris, avoit son congé du duc de Mayenne, pour s'en aller et quitter son gouvernement, deux de Messieurs des Enquestes, MM. Midorge et Le Clerc, furent députez de leurs chambres pour aller remonstrer ce que dessus à Messieurs de la Grande-Chambre, où il fust arresté que deux de la Grande-Chambre, MM. Flory, le doien, et Corbe, iroient par devers Monsieur de Belin, sçavoir si c'estoit de son plain gré et mouvement, ou si c'estoit par commandement qu'il s'en alloit; auxquelz il fist réponse que c'estoit de son propre mouvement et volunté qu'il s'en alloit se retirer an sa maison de Belin, pour, où l'occasion se présenteroit, faire ung signalé service tant au party en général, qu'en particulier à Monsieur du Mayne.

Le lendemain, qui estoit le mercredy 12ᵉ dudict moys de janvier, Monsieur de Flory, les Chambres assemblées, rapporta tout ce que luy avoit dict pour réponse M. de Belin, où estant pour se résoudre sur ceste response, Monsieur du Mayne vint au Palais, et pensoit d'empescher par belles parolles ceste résolution. Néanmoins, après l'avoir ouy, et s'en estant allé, ne laissèrent de continuer leur assemblée, où il fust arresté que douze de Messieurs s'en iroient trouver le sieur duc de Mayenne, pour luy remonstrer et faire entendre qu'au cas que M. de Belin s'en allast, ilz quittoient le Palais et abandonnoient la justice.

Du jeudy, qui estoit la my-caresme, 6ᵉ de mars, fust descendue la chasse de sainte Geneviefve. La procession assez belle. Le gouverneur pour lors, c'estoit M. de Brissac (1), qui y assista. Pour certains bruitz qui couroient

(1) Charles de Cossé, comte de Brissac, nommé gouverneur au commencement de l'année.

dans la ville, que les Seize vouloient couper la gorge aux gens de bien, qu'aussi l'on craignoit que le Roy n'eust intelligence dans la ville, qui estoit pour lors a Saint-Denys, la ville estoit armée; corps de garde partout, et les rempartz bordez de gens de guerre.

Le mardy 22ᵉ de mars, le roy de France, Henri IVᵉ, la cinquième (année) de son règne, entra dedans la ville de Paris, à quatre heures au matin, par intelligence, deux des postes estant ouvertes, la Porte-Neuve et la Porte-Saint-Denys. Ceux de la ville qui estoient de l'intelligence estoient jusques au nombre de sept : le gouverneur, M. de Brissac, M. Dampierre, président au Grand-Conseil, le prévost des marchands Lhuillier, Langlois, eschevin, qui ouvrit luy-mesme la porte Saint-Denys, M. le président Le Maistre et M. Damours, conseiller, et le sieur de la Chevallerie qui estoit dans l'arsenal.

Aussi tost que le roy fust dans la ville, il envoya une lettre au duc de Férie, qui estoit agent pour l'Espagnol dans Paris, à ce qu'il eust à demeurer quoy, et dans trois heures après-midy, que toutes les compagnies et troupes estrangères eussent à sortir, tant les Espagnolz que Néapolitains, lansquenetz et hovalons. Après cela, la première chose qu'il fist, ce fust d'entrer au Louvre, et ung peu de temps après, il alla à Nostre-Dame, où le *Te Deum* fust chanté; les orgues qui jouoient, les clôches qui sonnoient, les tambours, clairons et trompettes qui résonnoient dans l'église, avec une acclamation du peuple si grande qu'elle ne se peust dire plus; tout chacun, au sortir du *Te Deum*, criant à haulte voix : Vive le roy. La ville fust rendue si heureusement qu'il n'y eust ung seul homme de tué, sinon deux ou trois à la meslée, entre aultres Hilteau sieur de la Court. L'ordre y fust tel-

lement observé et gardé que les soldatz n'osoient se dé-
partir du gros pour aller ès rues détournées craignant
quelque vollerie ou pillerie.

A trois heures aprez midy, les Espagnolz sortirent hors
de Paris par la porte Saint-Denys, le roy estant au dessus de la porte qui les vist sortir, le tambour sonnant,
l'enseigne desployée, mais la mesche esteinte.

Feux de joye furent faictz l'après-disnée à l'Hostel-de-
Ville, toutes les pièces tirées, et parmy les rues, à neuf
et dix heures du soir, l'on fist feu de joye aussi.

La récompense de ceux qui ont rendu et réduict la
ville au roy, est que le prévost Lhuillier, qui estoit
maistre des comptes, fut faict président des comptes,
maintenu en son estat de secrétaire que le duc de
Mayenne luy avoit donné, en son abbaye de six mil
livres de rente, dix mil receues comptant et deux mil
livres d'apointement;

Langlois, ung estat de maistre des requestes, deux
mil livres d'ameublement et mil livres d'estat;

Le sieur de Brissac, deux cens mil livres, maintenu
en son estat de mareschal et gouverneur de Paris;

Le président Le Maistre, qui avoit esté faict (président) après la mort du président Brisson, par le sieur duc
de Mayenne, avec trois aultres, sçavoir : M. Chartier, le
doyen des conseillers de la Court, M. Dariulle, président
du Grand-Conseil, M. de Nully, président des aydes,
lesquelz tous trois furent cassez à la réduction de la
ville; M. Le Maistre, pour récompense, fust maintenu
en son estat de président avec quelque apointement;

M. Damours, du privé conseil, etc.

Le dimanche 24e de juillet, fust descendue la chasse
sainte Geneviefve, et fuste faicte procession générale, à

cause des grandes pluies, et pour demander à Dieu beau temps, affin que les fruicts qui estoient sur la terre peussent estre recueillis. Car ja les blés commençoient à germer sur la terre.

Mad^{lle} Olier, ma mère (1), eust une grande malladie, qui néanmoins ne luy dura que huict jours, et fust deux fois 24 heures sans parler. Son mal luy prinst la veille de saint Michel, et le lendemain de saint Michel, à la mesme heure, la parolle luy revinst, qui fust entre les cinq et six heures du matin. Le jour qu'elle perdist la parolle, qui fust le premier jour de sa malladie, elle fust seignée du bras droict, au matin prinst deux clystères, fust vantouzée. L'après disnée, seignée du mesme bras, et à neuf heures du soir print une médecine.

Monsieur d'O (2) mourut le 24e d'octobre 1594, entre dix et onze heures du matin, et ne fust que douze jours malade. Son mal estoit une carnozité dedans la verge. Il fust incisé par Monsieur Collo. L'on ne luy trouva point de pierre. Mais l'incision fust pour donner cours à l'urine qui estoit arrestée à cause de ceste carnosité. Deux jours devant que rendre l'âme, il luy survint une grande descente sur le paulmon, sy bien que et par le nez et par la bouche il rendoit et crachoit le sang, qui fust cause de luy acoursir ses jours. Cette carnosité venoit d'une chaude-pisse qu'il avoit eue en Poulongne, estant avec le roy Henri III, il y avoit quelque vingt-trois ou vingt-quatre ans, et aultrefois s'estoit senty d'une suppression d'urine. Sur les quatre heures au soir du jour mesme qu'il rendist l'âme, il fust mis dans son lict de

(1) Madeleine Molé, tante de Matthieu Molé.
(2) François d'O ; il avait été gouverneur de Paris de 1587 à 1589. Il fut rétabli dans cette charge par Henri IV, après son entrée dans sa capitale.

parade, à face découverte, où chacun alloit luy bailler de l'eau béniste. Il fist la plus belle fin et rendist son âme à Dieu avec une si belle résolution et sans apréhension de la mort qu'homme du monde sçauroit faire.

Il estoit gouverneur de Paris et super-intendant des finances de France, et avoit en main tout le maniement des affaires du royaume.

Sur les neuf heures au soir du jour qu'il trespassa, il fust ouvert, présens quatre excellens médecins : MM. Brouard, Martin, Dulaurent et Duret, et dix ou douze chirurgiens. Il se trouva qu'il avoit huict ulcères dans le cœur, dont chacun ressembloit à galle de tigne, et de plus avoit le péricrane tout plain d'eau rousse et purulente; avoit les deux paulmons adhérens au costé et tous deux livides; le foye de couleur blanchastre contre son naturel; la ratte fort belle. Il n'avoit point de pierre au reing; mais le reing gauche se trouva tout pourri; la vessie point gastée ni les testicules. Mais qui fust en partie cause de sa mort, ce fust la carnosité qui estoit dans la verge et de plus la gangrène qui s'y estoit mise en partie à cause des vapeurs qui provenoient de ce cœur ulcéré, en partie de l'acrimonie de l'urine qui estoit arrestée par le moien de ceste carnosité susdite (B).

Monsieur du Puis (1), conseiller de la Court, qui estoit de la seconde, rendist son âme à Dieu le premier jour de décembre 1594, entre les dix ou unze heures du matin, et mourust de la pierre qu'il avoit au reing. Il fust autant regretté qu'homme qui fust du Parlement, tant pour sa probité et preudhomie que pour son sçavoir. Mon-

(1) Claude du Puy, conseiller au Parlement, père du célèbre érudit Pierre du Puy.

sieur Perrot, président de sa Chambre fist la harangue funèbre à la Grande-Chambre, les chambres assemblées.

Le 27ᵉ jour de décembre 1594, le roy retournant de son voyage de Picardie et arrivant à Paris, le jour de saint Jehan, l'une des féries de Noel, ung nommé Jehan Castel (1), filz d'ung marchand de Paris, tenant sa boutique vis-à-vis la première porte du Pallais, se résoult, sur les onze heures du matin, ayant ouy dire que le roy arriveroit ce jour-là, de luy donner un coup de couteau dans le petit ventre, ou en quelle partie du corps qu'il pourroit selon son advantage. Le roy estant arrivé sur les cinq ou six heures du soir, droit s'en alla au logis de Madame de Liancourt (2), qui estoit une dame que le roy aymoit fort. Le malheureux continuant son entreprinse et meschante volunté, se transporte en ce logis et entre en la chambre où estoit le roy; après l'avoir bien considéré et ne le pouvant aborder sytost, eust la patience d'attendre qu'il s'en allast souper. Comme le roy disoit adieu à Madame de Liancourt, vinrent Messieurs de Ranguy, Cypierre et Montigny pour saluer le roy, et comme le sieur de Montigny luy fesoit la révérence et le roy se baissoit pour le recueillir et recepvoir, ce désespéré print le temps et l'occasion pour le frapper, en pensant luy donner dans la gorge; le roy s'estant ung peu baissé plus bas que de coustume, luy donna dans la bouche, et le coup fust si fort qu'il eust et la lèvre haulte du costé droit couppée, et une dent rompue du mesme costé. Aussi le roy dict : Je suis blessé; sans penser toutefois que ce fust d'ung coup de cousteau, ou par personne qui désirast le blesser ni tuer, et croyoit que

(1) Jean Chastel.
(2) Gabrielle d'Estrées, mariée à M. de Liancourt, maitresse de Henri IV.

ce fust des ongles de Mathurine, sa folle. Le sieur de Montigny voyant ce coup, aussitost prend le compagnon et le sieur de Cypierre, et dict qu'il falloit par nécessité que ce fust ou luy ou l'ung des deux aultres, donne les osselets à ce malheureux pour le faire confesser, luy tord le bras jusque par dessus la teste, et luy met la teste au dessoubz des cuisses. Enfin le mal qu'il enduroit luy fist confesser la vérité, et dict que ç'avoit esté luy, et qu'il avoit esté poussé d'ung instinct divin pour le bien et repos de l'église. Jamais on ne vist ung enfant comme il estoit, aagé seulement de 17 ou 18 ans, parler si résolument comme il fesoit. On recongneust, et le confessa aussitost, qu'il avoit esté tousjours nourri au collége des Jésuistes et imbu de leurs fausses doctrines.

Estant interrogé par M. le premier président de Harlei (1), à quelle fin il avoit attenté à la personne du roy, entre aultres choses il dict, qu'ayant commis de si grands et énormes péchés, lesquelz jamais il ne voulust descouvrir, et sçachant par ce moyen que son âme estoit damnée *ad octo*, qui est la damnation la plus grande et la plus griève, désirant la descharger en partie de ses atroces peines et tourmens, ce qu'il ne pouvoit aultrement qu'en fesant une œuvre méritoire pour le bien de l'église et la conservation de la religion, comme de tuer le roy, qu'il réputoit estre tyran, et que par ce moyen son âme seroit deschargée en partie, et ne seroit plus damnée que *ad quatuor*. Sur ce mot de *tyran*, fist une distinction nouvelle tirée de la doctrine de sesditz Jésuistes : que le tyran n'estoit pas seulement celuy qui estoit usurpateur

____

(1) Achille de Harlay, le plus illustre de cette célèbre maison, né en 1536, mort en 1616.

du royaume qui ne luy apartenoit point, mais celuy-la estoit aussi tyran, quoyque le royaume luy apartient tant de droit de succession, que de droit de ligne et de proximité, qui ne régnoit pas au royaume *per viam spiritus sancti*, sçavoir est par la voye du Pape ; que Henry quatriesme, nostre roy, n'avoit esté ni avoué ni approuvé par le Pape, qu'il n'avoit faict aucunement son accord avec ledict Pape, et partant qu'il n'estoit roy légitime, et par conséquent illégitime et usurpateur et tyran. Il fist encore plusieurs aultres distinctions nouvelles, comme il estoit interrogé à la Grande-Chambre. Enfin la Court voyant qu'il avoit esté tellement imbu par ces faulx prophètes jusques à tenir pour maxime qu'il ne falloit, estant entre les mains de la justice et près d'endurer la mort, jamais accuser les complices de mesme crime, principalement ceulx qui pouvoient servir au public pour le soustien de l'église et de la religion catholique, le jeudy d'après, les deux Tournelles assemblées, il fust condamné à avoir la question ordinaire et extraordinaire, à faire amende honnorable devant le parvys Notre-Dame, et de là mené et conduict à la Grève pour y avoir le poing couppé, tenant le cousteau en la main, estre tenaillé, et puis tiré à quatre chevaux ; son corps brullé et consumé, et puis les cendres jetées au vent.

Par le mesme arrest, les Jésuistes, comme perturbateurs du repos public, chassés dans trois jours hors de Paris, et dans quinzaine hors le royaume, leurs biens confisqués au roy pour estres employés à œuvres pitoyables, ainsi qu'il en sera ordonné par la Court.

Le soir mesme que ce malheureux coup fust faict, on se saisit de tous les Jésuistes et feurent menez au logis du capitaine du quartier. Ung d'entre eux, nommé Queret, fust chargé, et connu coulpable, mené prisonnier à la conciergerie. Deux aultres sont depuis menez prisonniers pour quelques pernicieux sermons qui feurent trouvés en leurs estudes. Quatre conseillers de la Court feurent députez commissaires pour interroger tant lesditz Jésuistes que les pensionnaires dudict collége de Clermont.

1595.

En janvier, Monsieur Vallée, aultrement Desbarreaux, filz d'intendans, fust receu conseiller de la Court, et fust en sa réception fort molesté; et après avoir esté interrogé à l'ouverture du livre, il tomba sur le tiltre *Si quadrupes,* qui fust occasion de ce quatrain :

> Que dis-tu du tiltre *si quadrupes*
>   Où tomba cest animal *bipes?*
> Fut-ce par rencontre ou par malheur?
> Non, en tout malheur il y a de l'heur.

La mesme année furent receus deux fils d'intendans Dudicourt et Vallée, qui firent aussi bien l'ung que l'autre en leur réception.

> Amy, dis-moy, cognois-tu bien
>   Vallée et Dudicourt,
>   Qui pour ne sçavoir rien,
> Sont conseillers de la Court?
>   Ouy, mais estant filz d'intendans,
> Ilz tiennent pour response légitime,
> De leurs pères l'ancienne maxime :
>   Rien en dehors, tout en dedans.

Ledict Vallée consentit qu'ung nommé Bullion filz de maistre marcheroit devant luy, encore qu'il ne fust receu qu'après luy. Sur ce ilz feurent tous deux ouis en la Grande-Chambre ; du consentement des deux parties, arrest par lequel Bullion précéderoit ledict Vallée. Le-

quel arrest fust signifié à ce qu'il n'en prétendit cause
d'ignorance.

> Ne cherchez plus de science ;
> Car Desbarreaux et Dudicourt
> Ont monstré que pour la Court
> Il ne fallait que des finances.

Le 6ᵉ jour de juing, Madamoiselle ma mère eust la
mesme maladie qu'elle avoit eu l'année précédente au
mois de septembre. Mais ceste foys elle ne fust que
vingt-quatre heures sans parler, et à la mesme heure
qu'elle avoit perdu la parolle, à l'heure mesme le lendemain, qui fust entre cinq et six du matin, la parolle luy
revint ; et ce premier jour de sa maladie print deux
clystères, une foys seignée, et une foys vantouzée et
scarifiée.

Madamoiselle ma mère, le 5ᵉ jour de juillet 1595, ung
dimanche, à quatre heures au matin, fust bien plus que
les deux foys auparavant travaillée de sa maladie. L'on
usa des mesmes receptes, et fust si malade quelle perdist le sentiment, l'ouie, la parolle et la veue à mesme
heure ; fust deux foys vingt-quatre heures sans sentir
aucunement et sans ouir ; fust..... (1) le dimanche au
soir, et n'en eust aucune souvenance ni mémoire ; et a
esté jusques au vendredy ensuivant sans parler ni voyr,
et à cinq heures au matin la parolle et la veue luy
revinrent toutes ensemble, et fust six jours entiers en
cest estat. Outre les remèdes, l'on usa de poudre qu'on
appelle sternutatoire, qui luy fist revenir le sentiment,
d'eaux impérialle, cordiale, de l'oximel pour la faire
cracher, etc.

Le 25ᵉ jour d'aoust 1595, trépassa Monsieur le pré-

---

(1) Mot illisible qui doit signifier *administrée de l'extrême onction.*

sident de Thou (1), quatriesme président de la Grande-Chambre auquel a succédé en son office Monsieur Démery, filz de feu M. le premier président de Thou ; et fust la semonce faicte par M. le président Blanmény (2), troisiesme président, le 28ᵉ ensuivant, ou assistèrent tous les parens, et entre autres M. le premier président, qui se mettoit derrière le bureau comme les autres, au dessous de celuy qui fesoit la harangue, et assista aux deux premières harangues à la Grande-Chambre et à la Tournelle, où j'estois pour lors. M. le président de Blanmény fist ung bref discours et narré de la vie du défunct, ayant esté quelque temps advocat des parties, et puis bailly de Saint-Martin, du Four-l'Evesque et autres petites jurisdictions, eschevin et prévost des marchands, dix ans advocat du roy au Parlement, et puis président de la Grande-Chambre.

M. le président Forget (3) la receust à la Tournelle et fist fort bien, dist entre autres choses que la France estant en ces derniers hoquetz, que le défunct ayant esté tousjours vray françoys, regrettant le déploré estat de ce royaume, *iis singultibus oppressus fuerat.*

La nouvelle de l'absolution du roy, qui fust arrestée le 30ᵉ d'aoust 1595 en plein consistoire à Rome, arriva au roy le 16ᵉ de septembre, et au Parlement mandée du 17ᵉ et nous la receusmes le 22ᵉ du mesme moys. Aussi tost la Court en corps alla à Nostre-Dame à dix heures heures au matin pour faire chanter le *Te Deum;* et sont les conditions de l'absolution telles :

---

(1) Augustin de Thou, d'abord avocat général, puis président au Parlement ; il était frère puiné du premier président Christophle de Thou.

(2) Nicolas Potier de Blancmesnil, né en 1541, mort 1635 ; il fut nommé chancelier pendant la régence de Marie de Médicis.

(3) Jean Forget, nommé président à mortier en 1590, mort en 1601.

« Le 30 aoust 1595, à Rome, dans le consistoire tenu ce matin à *Monte-Cavallo,* le Pape a dit aux Illustrissimes seigneurs : Dans l'affaire de France, nous avions eu les votes de tous les cardinaux, et beaucoup plus que la majorité a été d'avis que le roi de Navarre devait recevoir la bénédiction ; on a cependant traité avec M. du Perron de certaines conditions, dont une grande partie a été arrêtée ; ce sont les suivantes :

Que le roi devra écrire à tous les princes chrétiens pour leur faire part de son abjuration ;

Que les envoyés du roi feront serment ici à Saint-Pierre, ou en autre lieu qui sera désigné ;

Que le roi fera abjuration devant la personne commise par le Pape ;

Que le prince de Condé se soumettra à la foi catholique ;

Que le roi devra accepter le concile de Trente ;

Que le roi devra faire rétablir la foi catholique dans la province de Béarn, et les évêques dans leurs siéges ;

Que les concordats touchant les bénéfices seront observés comme au temps des rois défunts.

La raison qui a fait différer jusqu'à ce jour de donner au roi cette bénédiction, c'est qu'on a voulu obtenir les conditions les plus avantageuses qu'il était possible pour le siége apostolique, et ces conditions étant aussi honorables qu'elles sont, j'ai résolu de donner la bénédiction. »

Après ces paroles prononcées par Sa Sainteté, le Cardinal Colonna se leva disant qu'il seroit bon de nommer une congrégation sur cette affaire ; et le Pape lui fit signe de la main et lui imposa silence.

1596.

Monsieur le lieutenant-civil, nommé Siguier (1), le plus jeune des cinq frères, dont l'ung est président à la Grande-Chambre, l'autre advocat du roy, l'autre doyen de Nostre-Dame de Paris, et conseiller à la Grande-Chambre, et l'autre grand-maistre des eaux et forestz, et le plus jeune lieutenant-civil, qui décéda d'une fiebvre continue, le huictiesme d'avril 1596, et laissa cinq petitz enfans et sa femme grosse, qui acoucha quatre jours après le trespas de son mary, et fust enterré le 10e du mesme moys à Saint-André, qui estoit le mercredy de la semaine saincte.

Après la mort de M. le lieutenant, quelques uns se présentèrent, et les aultres y couroient pour avoir son office ; entre autres, MM. Mangot, conseiller au requestes, Fortias, conseiller de la 5e, et Chevalier, maistre des requestes, qui a espousé Madame de Vuideville. L'ung qui avoit la protection de MM. les Siguiers et qui alla en court pour parler au roy, en offrist jusques à vingt mil livres à la veufve, l'autre vingt-six mil, dont dix huict pour la veufve et le surplus pour le roy, et l'autre offroit dix mil livres de prest au roy, et qu'il composeroit avec la veufve. Le roy néanmoins ne désirant qu'aucun de ces Messieurs le fust, mist en délibération ceste affaire en son conseil. Enfin le roy esleust et choisit Monsieur Myron (2) président au Grand-Conseil, et voulsist qu'il l'eust pour quinze mil livres, lesquelles le roy toucheroit, à la charge d'en bailler bonne assignation à la veufve pour luy faire toucher ceste somme dans six moys avec inté-

(1) Jean Séguier, l'un des fils de Pierre 1er Séguier, le célèbre président à mortier au Parlement.

(2) François Miron, élu prévot des marchands en 1604. Il était petit-fils de François Miron, médecin de Charles IX.

rest. Pour quoy faire et exécuter, MM. Dudicourt, Sal-
daigne et Gobelin, trésoriers de l'espargne, s'y obligèrent
en leur propre et privé nom, si dans six moys ilz ne
bailloient à la veufve bonne assignation pour s'en faire
drestrer (1).

Au moys d'avril 1596, la ville de Calais fust prinso sur
les Françoys par les Espagnolz, et n'estoient que six mil
hommes de pied et deux cens chevaux. Le roy de
France, Henry IV, avoit son siége devant la Fère, et
d'autant qu'il y avoit six mois que son siége estoit devant,
la voulant prendre par famine, ne voulust lever le siége
pour aller secourir Calais, print seulement quatre mil
hommes de pied et mil gentilzhommes maistres, pour
fatiguer l'armée espagnolle. Mais les Espagnolz ne feurent
sy tost arrivez devant Calais, qu'ilz la battirent avec
cinquante canons et enlevèrent aussi tost la Pille (2). Les
habitants se voyant réduits à une si grande extrémité,
sans espérance de secours, feurent contrainctz de capi-
tuler pour la ville, où ilz entrèrent, prenant les habitans
en leur protection, donnant six jours de temps au seigneur Bidosan qui estoit gouverneur de Calais pour en
advertir le Roy. Dans les six jours, le roy y envoya Ma-
dels et Campagnolle, qui estoit dans Boulogne, avec deux
cens cinquante hommes, dont il y avoit cent gentilzhommes maistres qui entrèrent tous dans la citadelle
pour la secourir, et de faict y entrèrent sans aucune
résistance. Les six jours expirés, les Espagnolz dressèrent
leur batterie vers ung bastion creux et la battirent avec
quarante pièces de canon. Au bout de huict cens coups
de canon ils firent brèche suffisante, et donnèrent trois

(1) Ce mot est d'une lecture douteuse.
(2) Ce mot désigne sans doute un môle qui défendait la ville du côté de la
mer.

assautz les plus furieux du monde, et n'alloient point moins de mil à douze cens à l'assault. Au troisiesme assault, ilz emportèrent la citadelle et tuèrent tous les Françoys qui estoient dedans, passèrent tous par le fil de l'espée. Le roy aussi tost despécha Monsieur de Beaumont, filz unique de Monsieur de Harlay premier président, qui aporta les lettres mandant la nouvelle de la prinse de Calais. Il arriva le dernier dimanche du moys d'apvril qui estoit le 28e dudit moys; et ce mesme jour j'ay faict une protestation en mon âme, avec l'ayde de Dieu, de garder inviolablement ce à quoy je suis pour mon debvoir tenu de faire.

Monsieur Bouguier, petit filz de Monsieur Chartier, fust receu au Parlement conseiller en survivance de mondit sieur Chartier. Depuis eust la démission pure et simple à la Saint-Martin 1595, et tomba malade sur la fin d'apvril ensuivant 1596. De ceste maladie il mourust, qui estoit une fiebvre continue (il en couroit fort ceste année là), le 6e de may et fust enterré le 7e à Saint-André. On luy feist semonce au Parlement par toutes les Chambres, encore qu'il n'eust esté conseiller que six moys. J'appris dès lors que ceux qui meurent sans résigner, ou ayant esté vingt ans au Parlement, encore qu'ilz résignent, on leur faict tousjours semonce. Monsieur le président Ruelle porta la parolle et estoit de la 3e Chambre. Il eust ung fort beau convoy, et plus de cinquante à soixante conseillers y assistèrent. Messieurs les présidens Harlay, Seguier, Forget et Villeray s'y trouvèrent. Après sa mort, l'on disputa si l'office debvoit entrer aux parties casuelles, ou s'il debvoit retourner à Monsieur Chartier, encore qu'il en eust faict une actuelle démission. Néanmoins parceque par l'édict des survivances l'office re-

tourne tousjours à celuy qui a obtenu la survivance, tant
qu'il vist, c'est pourquoy il fust jugé que l'office retour-
neroit à M. Chartier. Et de faict, le bonhomme M. Chartier le lendemain mercredy retourna au Parlement,
reprinst sa place, et alla prendre possession au Breu-
vet.

En l'année 1596, commencèrent au moys de mars les
hannetons à manger et brouter tout ce qu'il y avoit aux
champs, et ceste mesme année l'on disoit que depuis que
le monde est monde, il ne en avoit jamais eu tant. Les
uns disent qu'ilz viennent de trois ans en trois ans, les
aultres de cinq, les aultres de sept.

En la mesme année 1596, la peste fust si grande l'esté
et l'automne à Paris, que le Parlement cessa dès la
veuille de la mi-oust, et commença la Chambre des
vaccations dès lendemain de la mi-oust, où douze de
Messieurs de la Grande-Chambre estoient et deux des
Enquestes : MM. Goussencourt et Rubentel. Quelques
Chambres des Enquestes avoient déjà cessé longtemps
auparavant, la 2ᶜ, 3ᵉ et 5ᵉ, encores que le roy ne l'eust
vouleu accorder.

Ceste mesme année là, il y eust des Grandz-Jours à
Lion où Monsieur le président Forget présidoit. La
Chambre estoit remplie d'honnestes hommes et habilles :
MM. Thurin, Montelon, Béranger, Bovin, Bénard, Le
Bossu, Jourdin, Fédeau, Le Grand, Faye, de Grieu,
Bouchet, Vertamon, Perrot et Danefuge.

Ilz partirent le 27ᶜ de juillet pour estre à Lyon le lendemain de la feste (1), et avoient quatre livres par jour.

____

(1) Le 15 d'aoùt, fète de l'Assomption. On voit que le voyage n'était guère
rapide.

Monsieur de la Cave, maistre des requestes, avoit le seau et estoit comme président en ceste Chambre. Monsieur Le Bossu mourust aux Grands-Jours d'une fiebvre et flux de ventre ; et fust la semonce faicte par Monsieur de Montelon et receue par Monsieur le président Forget à huys ouvert. Les Grands-Jours cessèrent en novembre, et revinrent tous à Paris au commencement de décembre. Pour gens du roy, y alla Monsieur l'advocat du roy Seguier, et Monsieur Duret, substitut, comme procureur du roy.

En la mesme année 1596, le dimanche 22ᵉ jour de décembre à sept heures du soir, le pont au Meusnier (1) tomba en l'eau, et y eust cinq moulins et sept arches rompus en mesme temps. Et ce grand coup de ruine fust faict à l'instant qu'on (ne) le pouvoit prévoir en façon du monde. Il y eust bien, à ce que l'on dict, trois centz âmes noyées ; et la rumeur estoit si grande le lendemain que tout le peuple murmuroit. Dès le jour de Noel ensuyvant, l'on commença à travailler et estayer ce qui estoit de demeurant ; et aussi l'on asseura et estançonna le pont au Change dès la mesme heure, d'aultant que tous les orfèvres et changeurs se retirèrent du pont au Change et l'abandonnèrent, et disoient l'avoir ouy craquer et fendiller ; et la vérité estoit que les fondements baissoient et panchoient fort.

---

(1) Le pont aux Meuniers, ainsi nommé des nombreux moulins qui l'encombraient, était construit en bois. Il traversait la Seine un peu plus bas que le Pont-au-Change. Il fut reconstruit et achevé en 1609 sous le nom de *Pont-aux-Oiseaux* ou *aux Marchands*. Mais en 1621, un incendie le détruisit de nouveau ; le feu se communiqua au Pont-au-Change qui fut également détruit. Entre l'emplacement des deux ponts, on en reconstruisit un en pierre en 1639, qui conserva le nom de Pont-au-Change. C'est celui qui a été démoli récemment pour être reconstruit dans l'axe du nouveau boulevard.

1597.

Le premier jour du moys de mars, il y eust une procession généralle, qui estoit en ung samedy, où le Parlement en robbe rouge estoit; et estoient plus de cent en nombre les présidents et les conseillers, la Chambre des comptes, Court des aydes et Prevost des marchands avec toute la ville. Il y avoit pour le moins trois ou quatre cens archers qui fesoient d'ung costé et d'aultre hayes pour empescher la foulle et la confusion. Le roy Henry IV y estoit, au costé gauche duquel estoit le légat *à latere* du Pape, avec tous ses cardinaulx, archevesques, évesques, abbés et autres ecclésiastiques. Au devant du roy marchoit la noblesse françoyse, et se trouvoient plus de deux cents cinquante gentilshommes françoys. Immédiatement devant le roy estoient les chevaliers du Saint-Esprit jusques au nombre de vingt ou vingt-quatre, qui portoient leurs colliers sur leur manteau; et fust trouvée ceste procession la plus solennelle qui ayt esté il y a dix ans à Paris. L'on alla du Palais à Nostre-Dame et de Nostre-Dame aux Augustins où le roy entendist la messe en l'église. Et y avoit ung dais vis-à-vis l'autel, au costé droit pour le roy, et au costé gauche pour le légat, sous lesquelz dais l'ung et l'autre ouyrent la messe. Auprès du légat estoit le cardinal de Joyeuse, et le cardinal de Gondy qui disoit la messe. Après l'évangille, Monsieur le cardinal de Joyeuse alla prendre le livre et le fist baiser au roy; et à l'offrande, Monsieur de Montpensier porta l'escu avec le sierge suyvant le roy qui alla à l'offrande. Monsieur le chancelier ouyst la messe, et estoit accompagné de Monsieur de Bellieufvre et de beaucoup d'aultres.

Le lendemain qui estoit le dimanche, 2e jour de mars, ce fust le grand jubilé, et Monsieur le légat fist le ser-

vice à la papalle et chanta la messe à Nostre-Dame; et
(fut) tout ce jour autant solennisé comme ung jour de
Pasques.

Le mecredy ensuyvant, qui fust le 5ᵉ jour du mesme
moys de mars, l'enfant de Monsieur le connestable de
Montmorency (1) fust baptisé aux Enfans-Rouges, et le
roy fust le parrain avec Madame la marquise de Mons-
seau (2), que le roy esleust et choisit pour sa commère. Ce
qui fust trouvé nouveau, d'autant que où le roy est pour
parain, il n'y a aultres ne parains, ne maraines, si ce ne
sont pauvres et des plus pauvres. C'est après disner que
ce baptesme se fist. Les rues estoient tendues et tapissées,
chose nouvelle et inaudite, d'aultant que cela ne se faict
que pour les enfans de France. Et fust faict ce baptesme
au soir, sur les six heures, aux flambeaux. L'après
disnée, le roy courust la bague dans l'hostel de Guyse
avec tous les princes, seigneurs et gentilshommes de sa
court; et estoient tous magnifiquement bien habillés et
bien montez, et passèrent tous à cheval en revenant de
l'hostel de Guyse pour aller à l'hostel de Montmorancy,
où il fust crié avec allégresse par plusieurs foys : Vive le
roy. Le commencement de la cérémonie fust par les
maistres des cérémonies qui estoient deux en nombre;
après douze domestiques suyvoient, ayant chacun d'eux
ung flambeau de deux livres à cire blanche; puis après
six héraulx d'armes avec la coste de maille; aprèz tous
les suisses du roy, jusques au nombre de cinquante ou
soixante, ayant chacun une torche de deux livres blanche

(1) Henri, duc de Montmorency, fils puiné du grand connétable, Anne de
Montmorency, créé lui-même connétable en 1593. Il mourut en 1614. Ce fils,
qui eut Henri IV pour parrain, était Charles qui mourut jeune.
(2) Gabrielle d'Estrées, créée marquise de Monceaux.

en la main, et en l'aultre leurs hallebardes ; le tambour
sonnant avec le fifre. Après, les officiers de Monsieur le
connestable, jusques au nombre de douze, ayant tous
chacun d'eux ung flambeaux de cire blanche ; suyvoient
les clérons et hautboys, et après huict trompettes, qui
jouoient quatre à quatre, l'uns après l'autres. Les gentilshommes du roy qui commencèrent à marcher, ayant
la plus part d'eux ung flambeau en la main. Pour les
honneurs, Monsieur de Roquelorre, maistre de la garde-
robbe du roy, portoit le cierge, le mareschal Orlanne (1)
la salierre, Monsieur le mareschal de Biron le crémeau,
Monsieur le duc d'Espernon le bassin, et Monsieur de
Montpansier la serviette. Après le roy suyvoit, assisté de
tous costez de sa noblesse, et le petit enfant que portoit
une Dame près de la personne du roy. Tous les gentilshommes près la personne du roy avoyent presque des
flambeaux. Suyvoit aprés Madame la marquise superbement habillée, et estoit conduicte par Monsieur de Vitry ;
Madamoiselle de Guyse, Madáme la princesse de Condé,
Madamoiselle de Chombert (2) et Madamoiselle de Sancy
suyvoient les unes après les aultres, conduictes par des
seigneurs et gentilshommes de la court. Au retour du
baptesme le roy alla souper à l'hostel de Montmorancy,
et toutes les dames et princesses, ensemble tous les seigneurs et gentilshommes, où il y eust le plus superbe
souper qui fust jamais. Il y eust pour quinze cens livres
de poisson, que l'on servist tout en façon de chair et
volaille. Le roy feist asseoir à sa table Monsieur l'ambassadeur de Venyze, qui seul d'homme soupa à la table du
roy, et puis toutes les princesses, dames et damoyselles

(1) Alphonse d'Ornano, maréchal de France, de cette famille corse, devenue
française sous Henri II.
(2) Schomberg.

y soupèrent aussi à la table du roy. Et estoient cent officiers que domestiques de Monsieur le connestable, habillez tous d'une parure, qui servirent le roy, les seigneurs et les dames. Le soir, il y eust ballet, faict par le comte de Clermont, Monsieur de Biron et aultres, et une superbe collation.

Le unzième du moys de mars 1597, la ville d'Amyens fust reprise par les Espagnolz à huict heures du matin, comme tous les habitans estoient au sermon, car lors nous estions en caresme et en la semaine de la mi-caresme. Cinq espagnolz habillez en manans, portant des poix, des pommes et des noix sur leur teste, firent semblant de renverser une pochée de noix entre les deux portes. Comme les habitans qui estoient aux portes s'amusoient à ramasser les noix, en mesme temps les espagnolz se ruèrent sur eux et les poignardèrent, firent aussi en mesme temps renverser ung grand cherroy de pailles par le pont de la porte, et feurent assez longtemps seulz entre les portes sans aucun secours. Aussi tost vinrent quatre cens chevaux et quinze cens espagnolz de pied qui se saisirent des grands places de la ville et en feurent maistres en ung quart d'heure sans aucune résistance. L'espouvante se mist de telle façon parmy les habitans que pas ung ne fust si hosé de se mestre en armes et en deffense. Le comte Saint-Paul, gouverneur de la ville, de la maison de Longueville, n'eust pas la hardiesse de se présenter, et s'évada par la porte de Saint-Jehan monté sur un cheval d'Espagne. Le pillage de la ville a duré plus de huict jours, et dist-on que le butin vault mieux que six millions d'or, outre la perte des biens particuliers des habitans. Le roy qui faisoit ses préparatifs pour aller faire la guerre le printemps suyvant en Picardie, avoit faict mettre toutes ses munitions, poudres, bledz, vins, canons, boulles et argent dans ceste dicte ville d'Amyens, et dit-on qu'il y avoit des munitions pour tirer mil coups de canons à trente-six pièces de batterie toutes montées, et quatorze ou quinze coulevrines. La piteuse nouvelle de cette prinse nous fust aportée à Paris le mecredy suyvant, qui nous estonna tous de telle façon que nous croyons fermement que, après la perte de ceste ville, qui estoit le rempart de toute la France, et de Paris particulièrement, qu'il n'y avoit plus de salut ne d'espérance de vie pour le pauvre peuple en toute la France.

Monsieur M° Françoys Olier, mon père, conseiller et secrétaire du roy, maison et couronne de France, aagé de soixante et dix-sept ans et plus, mourust le second jour d'apvril 1597, à deux heures du matin, et parla tousjours à douze heures prés qu'il rendist son âme à Dieu. Il y avoit quatre ans et sept moys qu'il ne bougeoit de sa chambre, hormis les festes solennelles qu'il alloit à Sainte-Croix (1) à la messe, où il a désiré estre enterré en la chapelle Saint-Jehan, et où, si Dieu plaist, nous serons tous enterrés dans la fosse que feu mon père fist faire à ceste intention. Il ne fist son testament à aultre fin que pour estre enterré au monastère Sainte-Croix, à cause du curé de Saint-Paul, qui en faisoit difficulté. Sa maladie fust longue, et la cause première de son mal estoit l'ennuy, la mélancolie et la tristesse qu'il avoit prinse pour les troubles et guerres civiles qui avoient esté par toute la France, et surtout dans Paris. Il voyoit que son bien et son revenu ne venoit plus, et craignoit que les

____

(1) Sainte-Croix de la Bretonnerie, prieuré de l'ordre de Saint Augustin.

guerres durassent trop longtemps. Il s'en saisit de telle façon que sa maladie se tourna en une étrange langueur, sy
bien que quatre ans et sept mois devant que mourir il
ne bougeoit de sa chambre, sans se soucier d'affaires
quelconques, et fist la plus belle et heureuze fin en mou-
rant qu'homme ayt jamais faicte, sans se tourmenter,
sans estre agité de pasmes, de violences et de mouve-
mens extraordinaires.

Monsieur Du Perron (1), évesque d'Evreux, commença
à entrer en chaire et fist son premier sermon en l'église
Saint-Merry, le dimanche 20ᵉ apvril 1597, et le subject
estoit de prouver que ce qui est nécessaire au salut n'est
point du tout dans la Sainte-Escriture et que les Tradi-
tions apostoliques et des Pères font partie de nostre
croyance, et qu'ils ont autant de force, de crédit, de
croyance et autorité comme le vieux et nouveau Testament. Il traicta ce subject en deux sermons, et le troisiesme estoit qu'il n'y avoit qu'une église, le quatriesme
qu'elle est visible (2).   .   .   .   .

Monsieur Le Meneust président en la Chambre des
comptes, qui me faisoit cest honneur de m'aymer, et
estoit ung de mes meilleurs seigneurs et amys, tomba
malade le dimanche 20ᵉ apvril 1597 d'une fiebvre continue qui se tourna le sixiesme jour en fiebvre chaude,
et ne fust que neuf jours malade, mourust de ceste
maladie et rendist l'esprit à Dieu le lundy 29ᵉ du
mesme moys à sept heures au soir, et fust enterré le
dernier jour d'apvril à quatre heures au soir. Sa semonce
fust faicte, à laquelle j'assistay, par Monsieur le président

---

(1) L'illustre prélat, qui prit tant de part à la conversion et à l'absolution de
Henri IV. Créé cardinal en 1603, il mourut archevêque de Sens en 1618.

(2) Il y a ici une lacune dans le texte du Journal.

Baillif, et fust receue par Monsieur le président de
Charmoy. Son grand-père estoit auditeur des comptes
en Bretagne, son père trésorier des bâtimens du roy à
Paris, l'oncle du défunct seneschal de Rennes, et fust
appelé, les Estatz assemblez, le libérateur et restaurateur
du pays et de la ville de Rennes en Bretagne.

1598.

L'on avoyt ordonné par arrest que par chacun an le
22 mars l'on feroit pourcession généralle et en robbe
rouge, à cause qu'à pareil jour, le 22 mars 1594, la
ville de Paris fust réduite en l'obéissance du roy, estant
au paravant détenue par les rebelles de la France que
l'on appelloit les Ligueurs, qui avoient appellé le secours
du roy d'Espagne pour se conserver; et de faict y avoient
mis troys mil Espagnolz en garnison. Depuis par arrest
donné, les deux Tornelles assemblées, il fust avisé que le
vendredy premier d'après Pasques, qui est la réduction
des Anglois, l'on continueroit ceste mesme pourcession
en robbe rouge, tant pour la réduction des Anglois que
pour la réduction des Espagnolz, et cest arrest fust donné
le jeudy après Pasques 1598.

La nuict du samedy au dimanche 19ᵉ du moys d'apvril 1598, les vignes feurent gelées, et la gelée fust si
grande et si universelle que les gens de village disoient
qu'il y avoit trente ans qu'ilz n'avoient veu une gelée si
rigoureuse et si généralle. Les villageois et vignerons se
désespéroient de telle façon, que les uns tuoient leurs
femmes et enfans, comme à Orléans, et après s'estran-
glèrent, les autres arrachoient leurs vignes pour y semer
de l'orge et des navetz; les aultres se mettoient par
bandes, et comme quittant et abandonnant (tout), s'en
alloient en pélerinage à Saint-Jacques en Galize.

Après que la Bretagne fust réduicte en l'obéissance du roy au mois d'apvril 1598, et que le duc de Mercure (1) eust rendu toutes les villes et places de ceste province, il se retira au chasteau de Lamballe. Auparavant le traicté de Bretagne, lorsque le duc de Mercure gouvernoit paisiblement toute la province, il avoit en son logis et en sa chambre ung tableau où le dieu Mercure despouilloit le dieu Mars, luy ostoit et emportoit tout ce qu'il avoit. Après qu'il eust rendu toutes ses villes, et que de gouverneur de province il fust devenu simple prince et gentilhomme, l'on fist courir un quatrain de luy dont les motz ensuyvent :

> Mercure en ce tableau despouille le dieu Mars ;
> Mais comme tout le monde est subject aux hasards,
> Il est bien pour le vray, et non pas en pinture,
> Que Mars en ce pays ayt despouillé Mercure.

Le vendredy 12ᵉ de juing 1598, le roy Henry IV, roy de France et deNavarre, envoya à sa Cour de Parlement de Paris lettres de cachet pour faire publier la paix qu'il avoit accordée avec le roy Philippes d'Austriche (2), roy catholique des Espagnes, au moys de may auparavant, au traicté de la paix qui fust commencé et résolu à Vervin, auquel assistèrent de la part du roy de France Monsieur de Bellièvre et Monsieur Brulart sieur de Sillery, président en la Court de Parlement, et de la part du roy d'Espagne le président Richardot et le sieur Taxis, en la présence du cardinal de Médicis, légat en France, qui a provoqué ce traicté et auquel la France a ceste obligation du repos et de la paix, dont elle est jouissante. Tout cela

---

(1) Philippe-Emmanuel de Lorraine, duc de Mercœur, gouverneur de Bretagne. Il était dévoué au parti de la Ligue ; il appella même les Espagnols, dans sa province contre le roi. Il se soumit, enfin, comme les autres chefs de la ligue.

(2) Philippe II, roi d'Espagne, qui mourut le 13 septembre suivant.

se voit par les articles de la paix que j'ay et qui se trou-
veront parmy mes papiers. Aussi tost la lettre envoyée
au Parlement et receue, Monsieur le premier Président
fist assembler toutes les Chambres ; en laquelle assemblée il fust aporté le registre de l'an 1559, qui fust leu et
fust suivy de point en point à la publication de la paix,
qui fust faicte le mesme jour par tous les endroits et
places publiques de la ville. Premièrement il fust ordonné
que la grosse cloche du Palais sonneroit tout le jour et
jusques à minuict incessamment et sans discontinuer en
façon du monde ; ce qui fust faict. Et à dix heures, le
Parlement alla à Nostre-Dame, le mesme jour vendredy,
en robbe noire, pour remercier Dieu et luy rendre actions
de grâces d'une si bonne, ferme, stable et heureuse
paix. Et à midy, la paix fust publiée tant par les officiers
du Chastelet, y assistant MM. les Lieutenans civil, particulier et criminel en robbe rouge, que MM. les Prevost des
marchans et Eschevins de Paris avec leur robbe de la
ville, robbe mi-partie. Et fust ordonné par arrest le
mesme jour 12ᵉ juing, les Chambres assemblées, sur
la contestation et débat des juges du Chastelet contre les
Prevost des marchans et Eschevins, chacun prétendant,
suyvant ses priviléges, qu'il luy apartenoit de publier
la paix par les carrefours de la ville : la Ville, comme
estant ung acte concernant le repos de la ville ; les juges
du Chastelet, comme estant juges de la police. Enfin il
fust arresté que les ungs et les aultres y assisteroient à
la publication de la paix, chacun en son habit, le Chastelet en robbe rouge pour les dessusditz, et les aultres
en robbe noire, et du costé droit ; la Ville du costé
gauche, et avec les robbes mi-parties ; ce qui fust faict
et exécuté.

La Ville, dès le matin, devant que aller publier la paix,

fust avec le Parlement à Nostre-Dame pour chanter le
Te Deum. Ce qui fust cause que ceux du Chastelet s'estant trouvez les premiers sur les grands degrés du Palais,
qui est le premier lieu où l'on commence à publier la
paix, et de là à la table de marbre dans la grand'salle du
Palais, se voyant seulz, après avoir attendu quelque
temps ceux de la Ville, firent publier ladicte paix au
Palais, sans Messieurs de la Ville. Ce qui fust cause que
Messieurs de la Ville allant au Palais pour la faire publier,
et Messieurs du Chastelet en revenant, s'estant trouvez
les uns et les aultres sur le pont Nostre-Dame, eurent
une grande querelle, tout près de se battre, encores que
les uns et les aultres fussent à cheval, et au sceu et veu
de tout ung peuple. Enfin ilz s'accordèrent ensuyvant
et conformément à l'arrest de la Court ; ceux du Chastelet du costé droit, ceux de la Ville du costé gauche,
tous à cheval, allèrent par tous les carrefours de la ville
faire publier la paix, suivis de cent aultres chevaux et
ayant devant eux ung hérault du roy qui la publioit et
pronunçoit, et douze trompettes qui fesoient la fanfarre.
Outre ce, plus de mil à deux mil personnes qui suivoient,
avec une réjouissance et ung aplaudissement du peuple
indicible.

Sur les quatre heures, il y eust ung grand feu de
joye à la Grève, où il se fist une largesse et aumosne
publique à cinq ou six mil pauvres, les muidz de vin
défoncez, les cloches sonnantes, les trompettes et clairons ; et le soir chacun devant sa porte et par les rues
fist faire feuz de joye. Le lendemain samedy 13ᵉ du mois
de juing, la Cour alla en robbe rouge à Nostre-Dame
pour y faire chanter la messe, et y eust pourcession généralle, où la croix de victoire fust portée et les plus pré-

cieuses reliques. Monsieur le cardinal de Gondy (1), qui
ung peu de temps auparavant s'estoit desmis de son
évesché entre les mains de Monsieur de Buzé, son nep-
veu, fils de Monsieur le mareschal de Rez son frère,
fust à Nostre - Dame, et chanta la messe, qui fust en
musique à deux chœurs, sçavoir, celuy de Nostre-
Dame, et celuy de la Sainte-Chappelle. Et (fust) remar-
qué que dans le chœur de Nostre - Dame mesme, le
chantre de Nostre - Dame portoit le baston de chantre
au costé droit, et au costé gauche ung chapelain de la
Sainte-Chappelle, représentant le trésorier, portoit le
baston de trésorier au costé gauche, tous deux comme
chappiers se promenant dans le chœur de l'église, l'ung
au costé droit, qui estoit Monsieur le président Ruelle,
chantre de Nostre-Dame, et l'aultre au costé gauche.

Il fault remarquer et surtout se souvenir qu'ung traicté
de paix ne se vérifie jamais en Parlement, ains seulement s'enregistre au registre de la Court.

Le jeudy 18ᵉ du moys de juing ensuyvant, les
hostages du roy d'Espagne arrivèrent à Paris par la porte
Saint-Denys, et estoient quelques deux cens cinquante
chevaux, tous bien montés et bien équippés. Les chefs
estoient sept en nombre; le premier desquelz estoit le
duc d'Ascot, le second l'admiral d'Arragon, et cinq
aultres. Allèrent au-devant d'eux tous les gentilshommes
et seigneurs, les chevaliers du Saint-Esprit, Monsieur le
mareschal de Biron, Monsieur le comte de Saint-Paul;
les aultres princes et seigneurs estoient aux fenestres en
la rue Saint-Denys, où jamais il ne se vist une si grande
affluence de peuple par les rues, aux fenestres, dehors

---

(1) Pierre de Gondi, évêque de Paris en 1570, cardinal en 1587, se démit de
son évéché en 1598 en faveur de Henri, son neveu, abbé de Buzay, en Bretagne.

et dedans la ville. Ilz entrèrent, François et Espagnolz
entremeslez, deux gentilshommes françois et ung espagnol au millieu, et à costé du duc d'Ascot estoit le comte
de Saint-Paul, et au costé de l'admiral d'Arragon estoit
Monsieur le mareschal de Biron. Ilz feurent logiez dans
Paris par fourriers vers Sainte-Catherine : Monsieur le
duc d'Ascot au logis de Monsieur Mortier, l'admiral
d'Arragon à la rue Saint-Anthoine à l'hostel de Cossé.
Estant arrivés et logés, la Ville en corps et en habit les
alla saluer et recepvoir avec tout l'honneur qui se peust
dire. Le roy les traicta depuis le jour de leur arrivée, qui
fust le 18ᵉ jusques au jour de Saint-Jehan qui fust le
24ᵉ ensuyvant; et pour les sept chefz il y avoit sept
logis et sept tables; à chaque table et à chaque repas le
roy leur donnoit deux platz fourniz, sy bien qu'ilz
feurent six jours entiers magnifiquement traictez et à la
françoise.

Le dimanche 21ᵉ du moys, le roy assisté de toute sa
noblesse, qui estoit en coche et superbement habillée,
la plus part ayant la toque de velours, le chappiot toute
semée de broderie d'or et d'argent, avec les chevaux
bardés et les housses toutes semées aussi de broderie d'or
et d'argent, alla sur les dix heures du matin faire le serment et jurer la paix en l'église de Nostre-Dame, ou
M. le légat fesoit l'office; et après la messe dicte, Monsieur de Villeroy (1), secrétaire d'estat, présenta une peau
de vélin toute enluminée et escripte en lettre d'or, où
estoit le formulaire du serment que debvoit faire Sa Ma-
jesté. Ce qui fust faict, et sur les sainctes évangiles le roy
aussi jura la paix, en présence des hostages du roy

____

(1) Nicolas de Neuville, seigneur de Villeroy, secrétaire d'état, et le plus
illustre de sa famille se distingua dans les Conseils du roi sous Henri III,
Henri IV et Louis XIII, et mourut en 1617, à 74 ans.

d'Espagne. Les Espagnolz allèrent aussi à Nostre-Dame magnifiques et superbes, mais ilz estoient dedans leur carosse et non pas à cheval, comme le roy et la noblesse françoise. Ilz disnèrent tous à l'évesché, et le roy fist disner les ambassadeurs d'Espagne avec luy et à sa table, et à une autre table disnoient les gentilshommes espagnolz ensemble les gentilshommes françoys. Et le mardy suyvant 23e dudict moys de juing, veille de la Saint-Jehan, le roy mist le feu à la Grève, où l'on brusloit la guerre, qui estoit en figure, avec deux tonneaux, piques, hallebardes et espieux; et tout cela plain de pétards fist ung merveilleux eschet. Le roy estoit assisté de toute sa noblesse qui estoit encore superbement habillée. Les Espagnolz estoient aux fenestres de la Ville, qui admiroient la joye d'une si (grande) affluence de peuple qui estoit en nombre plus de cinquante mil hommes, et tous nus testes, tant à la place qu'aux fenestres, quand le roy arriva et alla mettre le feu, devant lequel on portoit une torche de deux livres de cire blanche,, et fist trois tours à l'entour du feu, accompagné de toute sa noblesse qui alloit devant, et de tous les Suisses et gardes escossoises, ensemble des clérons et trompettes qui chantoient et fesoient la fanfarre avec ce peuple, qui d'une allégresse si grande chantoit à haulte voix, *Vive le roy.*

Monsieur de la Trimouille (1) ayant présenté ses lettres pour estre receu et faire le serment de duc et pair de France, attendeu qu'il estoit de la religion nouvelle prétendeue (réformée), il passa par arrest, les deux

---

(1) Claude de la Trémoille, second duc de Thouars, né en 1566. Il se montra dévoué à la cause de Henri IV, et fut créé pair en 1595. On voit que, à cause de sa religion, l'enregistrement de ses lettres souffrit des difficultés, qui ne furent définitivement vaincues qu'en Décembre 1599. Il mourut en 1604. Il avait épousé Charlotte de Nassau, fille de Guillaume de Nassau, prince d'Orange, le célèbre fondateur de la République des Provinces-Unies.

Tornelles assemblées, que ses lettres seroient joinctes à
l'édict de la création de quatre conseillers de la nouvelle
religion, pour estre receus à la Chambre de l'édict ; lequel édict estoit jà au parquet, et toutefois n'avoit esté
encore délibéré au Parlement. Et la raison de ce que les
lettres du sieur de la Trimouille feurent joinctes à l'édict,
est que quiconque faict le serment de duc et pair de
France, et conseiller au Parlement, et de recepvoir ung
conseiller au Parlement de la nouvelle religion, cela ne
se peut faire sans assembler les Chambres, et eust esté
ung préjudice faict à l'édict, si ses lettres eussent esté
vérifiées. C'est pourquoy les lettres feurent joinctes à
l'édict.

Depuis, Monsieur le mareschal de Biron (1) présenta ses
lettres pour estre receu duc et pair de France, lesquelles
aussitost qu'elles feurent présentées, aussitost elles
feurent receues avec joye et aplaudissement d'ung chacun. Il fust présenté le mardy trentiesme et dernier
jour de juing 1598, par Monsieur Duret l'advocat, lequel
entr'autres choses remarqua que quant Monsieur le mareschal de Biron fust faict chevalier de l'ordre du Saint-
Esprit, qui estoit le père, il vérifia par titres anciens et
authentiques de vingt-deux de ses prédécesseurs, tant
père qu'ayeul, bisayeul et aultres ascendans, tous de la
maison de Foix, dont les sieurs de Biron père et filz ont
prins leur origine et extraction, tous (ayant) eu qualité
de capitaine et chevalier. Et Monsieur Servin advocat du
roy, à la manière accoustumée, harangua et n'oublia en
rien les lauriers, triomphes et honneurs du sieur mareschal de Biron, et requit que, sur le reply des lettres, il

(1) Charles de Gontault, duc de Biron, créé maréchal de France en 1594, pair
de France en 1598. Il était l'ami de Henri IV qu'il trahit en 1602. Il fut condamné à mort et exécuté à Paris, le 31 juillet de la même année.

fust mis qu'elles ont esté leues, publiées et registrées, *sur ce oy et consentant* Monsieur le procureur général. Il fist le serment, les deux genoux en terre, de duc et pair de France, entre les mains de Monsieur de Harlay, premier président de Paris. Le mesme jour à sept heures du matin, Monsieur de la Trimouille s'opposa à la réception de Monsieur le mareschal de Biron, attendu qu'il avoit présenté ses lettres devant luy, et demandoit que sa réception ne luy peust nuire ne préjudicier. Il feust mis acte de son opposition, et néanmoins que le sieur de Biron seroit receu en faisant par luy le serment.

Le mesme jour trentiesme et dernier du mois de juing, d'autant que c'estoit anciennement la coustume que les pairs de France donnassent des roses les jours des audiances au Parlement en toutes les Chambres du corps de la Court, asçavoir ; aux présidents de la Grande Chambre six bouquetz et six chappeaux (1), et aux conseillers deux bouquetz et deux chappeaux, et aux Enquestes, aux présidents deux bouquets et deux chappeaux, et aux conseillers ung bouquet et deux chappeaux, et avoit de coustume de commencer le premier prince du sang ; mais sur le différent d'entre le roy lors de Navarre, aujord'huy roy de France et de Navarre, et Monsieur le cardinal de Bourbon, son oncle, pour sçavoir qui estoit le premier prince du sang, et qui debvoit bailler le premier les roses, cela feust discontinué depuis l'année 1586 jeuques au jourd'huy trentiesme juing 1598, et Monsieur de Montpensier (1) comme pair de France, d'aultant qu'il n'y a que les pairs de France qui donnent des roses à Messieurs de la Court, commença ledict tren-

---

(1) Ou couronnes de roses.

(2) Henri de Bourbon, duc de Montpensier, cousin de Henri IV ; né en 1573, mort en 1608.

tiesme juing 1598 de renouveller ceste bonne et an-
cienne coustume de donner des roses au Parlement,
et a prins (l'usage) que, lorsque les roses se donnent à la
chambre, que l'advocat qui plaide en a aussi, sçavoir,
ung bouquet et ung chappeau.

Ce mesme jour, trentiesme de juing 1598, lorsque
Messieurs de Montpensier, le connestable de France Anne
de Montmorency (1), le duc d'Espernon et Monsieur le
grand escuyer vinrent pour assister à la réception de Monsieur le mareschal de Biron, auparavant qu'ilz entrassent,
Monsieur de Beauvais, filz de Monsieur le président de
Blammény, à cause de son évesché de Beauvais qui est
conte et pair de France clerc, avoit prins sa place au
dessous de Monsieur de Montpensier et au dessus de
Monsieur le connestable et par conséquent des aultres.
Monsieur le connestable, sans prendre sa place, fit demander à Monsieur le premier président qu'il luy donne
son rang. Monsieur le premier président en consulta
avec MM. les autres présidens, lesquelz tous feurent
d'advis, que, sans préjudicier à leurs prétentions, qu'il
sortist de sa place et se mist le premier de l'aultre
costé qui est le costé des clercs. Il ayma mieux quitter
sa place et s'en aller que de faire une si grande brèche
à leurs prétentions, qui sont que les pairs de France
clercs prétendent avoir séance au dessus des pairs de
France lais, de quelle qualité qu'ilz puissent estre, pour-
veu qu'ilz ne soient princes du sang.

Le jeudy 9e juillet 1598, fust pendu ung nommé
Lestrelle qui estoit de Bordeaus, secrétaire du roy ; et
fust condamné par MM. les maistres des requestes en

---

(1) C'est par erreur que le *Journal* donne à *Henry* de Montmorency le nom
d'*Anne*, qui était celui de son père. Il fut comme lui maréchal et connétable,
et mourut en 1614.

dernier ressort, et exécuté à la croix du Tiroyr (1). Il fist
amende honorable et eust le poing coupé devant le logis
de Monsieur le chancelier, pour avoir ung faulx seau, et
sééloit toutes sortes de lettres. Il avoit trois chambres à
Paris, une où estoit le seau et où il sééloit, l'aultre où
estoient les lettres séelées, et la troisiesme où estoient
les lettres à sééler et expédier.

1599.

Le vendredy sainct, Madame la duchesse qui estoit
de la maison d'Estré (2), son père gouverneur de Paris et
grand-maistre de l'artillerie, se trouva mal voulant ac-
coucher, eust sept convulsions cruelles et très violentes.
La dernière luy osta toute cognoissance et tout sentiment; et fust depuis deux heures au matin du grand
vendredy, jusques à six heures du matin du samedy,
veuille de Pasque ensuyvant, à respirer seulement,
n'ayant plus que le cœur vivant, et mourust à sept
heures ledict samedy. On luy tira son enfant mort du
ventre, et endura beaucoup devant que mourir. C'estoit
la bien aymée et grande favorite du roy, et disoit on que
le roy la debvoit espouser, après en avoyr jouy l'espace
de sept ans et en avoyr eu cinq enfans ; ce qui estonnoit
tout le monde, veu mesme que le roy estoit marié, et
ladicte duchesse aussi mariée à ung gentilhomme nommé
de Liancour. C'est pourquoy elle fust appellée premièrement Madame Gabrielle, qui estoit son nom , puis
Madame de Liancour, du nom de son mary, puis Madame de Monceau, une belle terre qui apartenoit à la feu
royne mère, que le roy luy avoit donnée, et après Ma-

___

(1) Ou du *Trahoir*.
(2) Gabrielle d'Estrées, la maîtresse du roi.

dame la duchesse, à cause de l'acquisition du comté de
Beaufort, qu'elle avoit faicte de Madame de Guyse, lequel comté estant achepté, le roy l'érigea en duché;
c'est pourquoy elle s'appelloit Madame la duchesse de
Beaufort. Elle gouvernoit tout l'estat et possédoit le roy
entièrement. Le roy estant résolu de l'espouser, désirant
se démarier comme jà il avoit faict démarier ladicte duchesse avec son mary par l'évesque d'Amyens, il avoit
envoyé vers sa Saincteté Monsieur de Sillery, tant pour
consentir la résolution du mariage de la royne de Navarre sa femme, que pour auctoriser le mariage de Madame la duchesse et de luy, et vouloit que les enfans
qu'il avoyt eus d'elle feussent roys après luy, les faisant
mettre sous le poile, et les déclarer légitimes successeurs
de la couronne, en se mariant avec Madame la duchesse
leur mère. Ceste mort fust jugée un coup du ciel, à
cause des grandes guerres qui se feussent engendrées
de ce mariage et après ce mariage.

Le vendredy second jour de juillet 1599, à l'audience,
après-disner, il se plaida une cause en la Chambre de
l'édict, où Monsieur le duc de Mercure (1) avoyt intérest,
et estoit partie. Il advint à ung advocat des parties, plai-
dant sa cause, de dire que Monsieur le duc de Mercure
estoit ung prince plain de valleur et de générosité.
Monsieur l'advocat Servin qui estoit advocat du roy tenant
sa place, dict tout hault séant, sans se lever, que l'on ne
recognoissoit point pour princes au Parlement aultres
que les princes du sang, et que ceux de Lorraine n'estoient point de ceste qualité là. Madame de Mercure,
qui estoit présente en l'audience, dict que le roy fesoit
bien cest honneur à son mary de l'appeler prince et

______

(1) Le duc de Mercœur.

son cousin. Les choses se passèrent ainsi à l'audience.
Le soir Monsieur de Mercure accompagné de douze ou
quinze gentilshommes et aultres, avec force pages et
lacquais, va au logis de Monsieur Servin, où estant à la
salle fist descendre Monsieur Servin, et luy dict qu'il
n'estoit point venu pour luy donner le bon soir, ains
pour luy dire qu'il estoit ung marrault, et qu'il le tue-
roit, et qu'il luy feroit donner cent coups d'estrivières
par ses lacquais, et aultres parolles insolentes et me-
naces qu'il luy dist et fist. Aussy tost Monsieur Servin
se retira et alla au logis de Monsieur le procureur
général, et luy ayant faict sa plainte, le lendemain il
en fust parlé à la Grande-Chambre, et ledict Servin
ayant déposé son (1) . . . . . particulier entre les mains
de Monsieur le procureur général, ledict procureur se
rendist partie, et demanda le samedy suyvant qu'il en
fust informé. Messieurs de la Grande-Chambre seuls
avec la Chambre de la Tournelle et celle de l'édict s'as-
semblèrent et ordonnèrent, sans appeler les Enquestes,
que commission seroit décernée pour informer. L'information faicte de troys tesmoins qui tous déposèrent de
ce que dessus, et rapportée, fust délibéré, toutes les
Chambres assemblées, attendu qu'il estoit pair de France,
et fust décrété ung adjournement personnel contre ledict
sieur de Mercure, et y en eust huict de la compagnie qui
feurent d'advis du décret de prinse corporelle, dont j'en
feuz ung; mais tous les aultres feurent d'advis seulement de l'adjournement personnel, et y passa.

Nota que Messieurs de la Grande Chambre s'attribuent
ceste authorité de pouvoir décerner commission pour
informer tant contre ung du Parlement, mesme contre

____

(1) Mot illisible.

ung pair de France, mais qu'ilz ne sçauroient décretter ladicte information, soit par prinse de corps, soit par adjournement personel, que toutes les Chambres, tant des Requestes que des Enquestes, assemblées.

1601.

En l'année 1601, il fust présenté l'édict des rentes réduites pour l'advenir au denier sèze, le deux ou troisiesme de septembre 1601, et passa au denier quinze presque tout d'une voix. Les mois d'octobre, novembre, décembre et janvier se passèrent, que l'on ne parla plus de cest édict, et chacun jugeoit qu'il avoit esté révocqué, à cause des deniers qui se transportoient hors du royaume, et aussi que c'estoit introduire les usures en France. Encore qu'il eust passé au denier quinze, néanmoins estant l'édict au denier sèze, il ne fust point publié.

1602.

En febvrier, le roy s'avisa de mander Messieurs les présidens et les tansa rudement de ce qu'ilz ne luy obéissoient point, et n'avoient point procédé à la vérification de l'édict; qui fust cause que les Chambres feurent assemblées le dix-huitiesme febvrier, et passa de cinquante-cinq à cinquante-deux, et le premier du mois de mars, il fust vendu publicquement par Paris.

Le vendredy premier jour de mars 1602, toutes les Chambres feurent assemblées et se trouva le nombre de plus de 150 conseillers, pour résoudre l'affaire de Monsieur Fortia, conseiller en ladicte Cour, qui est que allant exécuter ung arrest de la Cour au pays d'Anjou, à la requeste de la dame de La Rocheboisseau, contre La Rochepichemer (1) les portes du chasteau de La Roche-

---

(1) C'est un château du Maine, paroisse de Saint-Ouen-des-Vallons.

pichemer luy feurent refusées. Les ayant faict ouvrir pour quelques rebellions faites à justice, il faict tout saisir, faict apposer le sellé, mesme fust faict inventaire, et quelques meubles transportés, desquels la dame saisie prétend en avoir perdu, entre autres des vases d'or, dont est accusé ledict sieur Fortia.

Il fust décerné commission pour informer. En vertu d'icelle l'on informe; dans l'information ledit sieur Fortia est meslé. De ceste information ensemble de la commission décernée, ledit Fortia se porte pour appellant, sur ce que l'on avoit décerné une commission pour informer contre lui, sans avoir assemblé les Chambres. Néanmoins par arrest de la Grande Chambre, il est dist l'appellation au néant, ordonné que la sentence dont est appel sortira son effect etc. L'on assembla quelques jours après toutes les Chambres pour lire l'information. En l'assemblée de toutes les Chambres, ledict sieur Fortia présenta une requeste civile contre l'arrest donné contre luy en la Grande Chambre. Monsieur le premier président estonné ne vouleust jamais souffrir que l'ouverture feust faicte de ceste requeste civile, d'aultant que l'ordonnance veut que les requestes civilles s'ouvrent et se plaident devant les mesmes juges et non autres, et aussi que ce luy eust esté une honte et à tous Messieurs de la Grande Chambre, si en leurs présences leur arrest dust estre cassé par Messieurs des Enquestes. Sçavoir si ceste requeste civile debvoit estre ouverte, on fust deux grandes heures assemblé en la Grande-Chambre sans dire ung mot, à se regarder les uns les autres. Pendant ce temps, M. Fortia par deux fois se présenta derrière le barreau, et demanda justice à M. le premier président. Néanmoins, sans s'estonner, il luy dist qu'il se retirast et que l'on luy feroit justice. Ce silence dura deux heures entières. Enfin Messieurs les présidens des Enquestes se levèrent et puis les conseillers, de sorte que Monsieur le premier président vint au dessus de ses prétentions et demeura victorieux.

Le 11ᵉ apvril 1602, Monsieur Mollé (1), mon oncle, fust receu président par la résignation de Monsieur le président de Verdun, lequel fust envoyé premier président au Parlement de Toulouse.

Monsieur le président Seguier (2), qui estoit le second, mourust le 10ᵉ apvril 1602, sur les trois heures après disner, d'une pleurésie inflammatoire de paulmon, et fiebvre continue, et ne fust mallade que du mardy de la sepmaine saincte jusques au mecredy après Pasques. Son mal luy print comme il estoit en chemin pour aller en sa maison de Havret (3). Il n'y eust point de semonse à la Cour, et fust enterré le lundy de Quasimodo à dix heures du matin, où il fust faict une oraison funèbre dans l'église de Saint-André par Monsieur Du Val le théologien.

En may, sur la plaincte que le roy tous les jours faisoit des abus et exactions qui se commettoient en la justice, l'on s'avisa aux Enquestes de dresser des mémoires pour la réformation de la justice. Les articles ayant esté dressez, délibérez, concertez et résolus, en chaque Chambre des Enquestes, mesmes signés par les présidens et conseillers de chacune Chambre, Messieurs les présidens Ruelle et de Noroin assistés de quelques conseillers comme députez, allèrent trouver Monsieur le

---

(1) Edouard Molé, conseiller au Parlement, puis procureur général, et enfin président, mourut en 1612. Il était père de Mathieu Molé, garde des sceaux sous Louis XIV.

(1) Pierre Seguier, fils du célèbre magistrat du même nom.

(2) Ou Avray, aujourd'hui Ville-d'Avray.

premier président pour luy présenter les mémoires de
la part de Messieurs des Enquestes. Il demanda temps
pour les voyr et y penser. Quelque temps aprez, la
Mercuriale fust tenue, où il fust résolu que les derniers
articles de noz mémoires concernant le règlement des
advocats, qu'ilz mettroient au bas de leurs escritures ce
qu'ilz prendroient des parties, seront publiés. Cela passoit
tout d'une voix, hormis que Monsieur le premier président qui avoyt asseuré les advocats que tel règlement
n'auroit point de lieu......

Le journal s'arrête ici. Le folio 30, qui suit, renferme deux
notes; l'une en italien, dont la traduction se trouve dans le
Journal, page 21. Voici le texte de la seconde :

Du 18ᵉ [septembre 1595], à huict heures du soir ; pré-
sentement vient d'arriver Desportes et Ribaut, qui ont
aporté la résolution de l'accord tout signé de sorte qu'il
n'y a plus rien à dire. Dans deux jours, partira M. de
Villeroy, et moy avec luy pour prendre la foy du duc de
Mayenne. Le roy est resjouy d'avoir receu en même temps
la bénédiction de Romme, entendu le secours de Cambray,
la neutralité de la Franche-Comté, et s'est résolu encores
aujourd'huy faire la trefve avec le duc de Savoye pour
deux ans ; il attend d'heure en heure des nouvelles de
M. d'Espernon, et incontinent il partira.

Le folio 31 ne contient que la note suivante :

Le 25ᵉ du moys de janvier qui fust le jeudy propre
jour du banquet de filles de ma cousine du Refuge, mon
frère ainé tretta la compagnie et estoit à son tour en
ceste compaignie ; nous estions trèze à table.

Messieurs :

De Boissy, maistre des requestes.
La Cave, maistre des requestes.
Audicourt, conseiller en la Court.
Pradelle, président des trésoriers de Montpellier.
La Plisse, maistre des comptes.
Texier, maistre des comptes.
Benoist, maistre des comptes.
Rubentel, conseiller en survivance.
Neubourc, auditeur des comptes.
Le Compte, recepveur de la ville.
Et nous trois frères.

APPENDICE

A.

RECUEIL D'UN CERTAIN LIVRE AU FEUILLET 93.

Le feu Me Charles Hotoman, l'un des bourgeois de Paris, considérant la misère des temps, l'ambition des grands, la corruption de la justice, et l'insolence du peuple, et surtout la perte de la religion qui ne servoit que d'ombrage au peuple et de prétexte aux grands, s'adressa à plusieurs docteurs, curez et prédicateurs pour se gouverner en seureté de conscience et pour le bien public, entre autres à Mre Jean Prevost, curé de Saint-Severin, Mre Jehan Boucher curé de Saint-Benoist, et Mre Mathieu de Launoy chanoine de Soissons, premiers pilliers de la Ligue, lesquelz se résolurent de n'en parler qu'à 7 ou 8 :

Hotoman à l'advocat d'Orléans, et le sieur Acarie M⁰ des comptes ;

Le sieur Prevost, de Caumont advocat et de Compan marchand.

Boucher, Mignager advocat et Crucé ;

Le sieur de Launoy, le sieur de Maneuvre de la maison des Hennequins ;

Lesquels tous furent les premiers entremetteurs de la Ligue, et parmy eux se mesla le sieur Deffiat, gentilhomme auvergnat ; puis après il en feust communiqué à M⁰ Jehan Pelletier curé de Saint-Jaques, à M⁰ Jehan Gincestre, aux sieurs de la Chapelle et Lhuillier M⁰ des comptes, au Clerc-Bussy président, au commissaire Louchart, à la Morlière notaire, à l'esleu Roland et à son frère, de sorte que peu à peu le nombre creut ; mais afin qu'ilz ne feussent découvertz ilz establirent ung ordre à leurs affaires, et firent ung conseil de neuf ou dix personnes tant ecclésiastiques que séculiers des dessusnommez.

Outre, ilz distribuèrent les charges de la ville pour suivre les advis du conseil à cinq personnes qui se chargèrent de veiller en tous les seize quartiers de la ville et faulxbourgs d'icelle, assçavoir, ledit Compan en toute la cité, Crucé en deux quartiers de l'Université, les sieurs de la Chapelle, Louchart et Bussy aux quartiers de toute la ville, et rapportoient au Conseil, duquel ilz faisoient partie tout ce qu'ilz entendoient dire.

Et se tenoient les Conseils quelquefois en Sorbonne, à la chambre de Boucher, et puis au collége de Forteret qui a esté appelé le berceau de Ligue, ou bien aux Chartreux, puis au logis desdits sieurs Hotoman et la Chapelle, et au logis d'Orléans et Crucé ; et puis ils gaignoient les uns les aultres, les remettant ou la malice du temps, et schisme et hérésie, et après raportoient au Conseil estroit selon qu'ilz voyoient les personnes disposées.

Et après avoir gaigné beaucoup de bourgeois, s'alla advertir Monsieur de Guyse, qui en communiqua à ses frères et à Monsieur de Bourbon le cardinal. Ledit sieur de Guyse envoyoit souvent à Paris pour prendre langue Messieurs de Méneville, Conard et Beauregard ; et au mois de novembre 1587, Monsieur du Mayne vinst à Paris pour communiquer avec ce petit nombre de catholiques

Les trois raisons de la Ligue : la 1re la conservation de la religion ; la 2e pour combattre les hérésies ; la 3e pour réformer les vices et impiétés.

Et avec ces susnommez le sieur de Mayenne fist serment de vivre et mourir avec eux, en l'hostel de Reims près les Augustins.

Dès lors feurent députez certains bourgeois de Paris, gens de cervelle, lesquels avec bonnes instructions allèrent en plusieurs provinces et villes de ce royaume, pour rendre capables quelques-uns de la création de la Ligue.

Depuis, non seulement les six travailloient, mais quelques aultres. Au quartier de la cité Compan praint pour ayde Hébert drappier et de Laistre ; Crucé print Pigneron, Sénault, Noblet et Loisel ; le sieur de la Chappelle, Emonot et Beguin ; le commissaire Louchart, Tronson, Colloumel et de la Morlière notaire ; le Clerc print Chouillier et Courcelles ; et Senaut y amena l'advocat Fontanon, qui estoit homme de bien et sans reproche. Lesquelz tous raportoient au Conseil et ses six tout ce qu'il passoit par la ville, et se disoit que selon les occurences remédioient et y pourvoioient.

Ceux des autres provinces envoyoient des agentz à Paris, pour s'enquérir de la cité et s'instruire au plein, et afin de les contenter il y avoit diz catholiques commis pour recepvoir les agentz selon les provinces.

La journée de Saint-Séverin, 2e de septembre 1587, le roy envoya pour saisir quelques prédicateurs ; Crucé, Bussy, Senault et Houillier l'empeschèrent.

Hasté notaire au carrefour de Saint-Séverin permettoit que l'on tinst des Conseils en sa maison pour la Ligue ;

Coadjuteurs aux échevins : Drouart advocat, Crucé procureur et Bordeaux marchand ;

Le Conseil-général estoit de 40, à sçavoir : l'évesque de Meaux, Rose évesque de Senlis, de Gillard évesque d'Agen, Prevost curé de Saint-Séverin, Boucher, Aubry curé de Saint-André,

Pelletier de Saint-Jacques, Pigenat de Saint-Nicolas, et de Launoy, pour l'église ; les sieurs de Manneville, marquis de Canillac, Saint-Pol, de Rosné, de Montberaud, de Hautefort et de Sausay, pour la noblesse ;

Les sieurs de Masseparaulte, de Neully, Coquellay, de Midorge, Marillac, Machault, Baston, Lhuillier, Acharie, de Bray, le Beauclerc, de la Bruyère lieutenant civil, Ancourt, Fontanon, Drouart, Crucé de Bordeaux, Halvequin, Soly, Bellanger, Poncher, Seschaut, Gobelin et Charpentier, pour le tiers-estat.

Ajoutez à ce Conseil Hennequin évesque de Rennes, Lenoncourt abbé, le président Janin, les sieurs de Sermoise, Dampierre président, le M. Damours, le conseiller de Villeroy le père, de Villeroy le filz, de la Bourdézière, du Fay, présidens d'Ormezon et de Cideville.

B.

ÉPITAPHES DE M. D'O RAPPORTÉES PAR OLIER.

I.

Præmatura quidem, tamen et longæva beati
Fata Doï, claro qui sanguine clarior aura,
Regumque et populi et Procerum cumulatus honore ;
Vivus Francorum dispensans publica regni,
Optandà Magno et Magnis hic morte quiescit

viii Kal. Nov. MDXCIIII.

II.

Do qui dedi nihil unquam, reddidi nihil, rapior à fatis, dum raperem omnia, felix heu ! nimium felix vixi. Prima juventa, Errico tertio gratus, ingratus defeci ad rebelles ; exin bellorum civilium desultor redii in gratiam principis. Errico quarto acceptus postea, multa sub illo, ab illo accepi, suscepi munera. Maximus tandem Rationum regiarum præfectus fui, sine ratione, qui privatas curarem cum arte solum.

Sed misere nimis intereo : nam ut dies noctesque interverto ærarium, malè mihi vertuntur anni, asseclarum imperitia medicorum, qui cum rei quæstoriæ summam non (1) .... nec cum publica peca avertunt infeliciter. Etenim ut subduco calculos errore, calculi summum attulerunt veritati præjudicium. Heu! Diocletiane et Maximiniane, principes optimi, vestræ fraudem legi faciunt medici. Ecce nihil retractatur denno dum per errorem vitæ meæ calculos ponunt ; pessimi calculatores, qui suo me malum male perdunt calculo.

Majus at majus adhuc post mortem manet infortunium : æs alienum agnosco lubens, grande quidem et imperitum. Nam et superi et inferi et medioximi appellant in jus morientem. Cum his facile expediam nomen, sed superi duriores æris confessum addicunt inferis, qui renascentem quotidie secant ex lege in partes debitorem. Horrendum, viator, Diis rationem vitæ reddere, à quibus multum acceperis!

(1) Mot illisible.

FIN.

ÉPERNAY. — IMP. L. DOUBLAT.